Ronny Roberts
hat Talent und will
Golfpro werden.

Martha Knops
weiss alles besser
– auch im Golf.

Fanny Moos
trägt die Nase etwas hoch.

Harry Long
hat einen Hammerdrive,
spielt aber ziemlich langsam.

Tiger
findet Fanny
megacool.

Albatros,
so nennt man
3 Schläge unter Par.

Little Locke,
unser Benjamin
spielt Golf
mit Schnuller!

Eagle,
sein ganzer Stolz
sind 2 Schläge
unter Par.

Die Bogey Brothers
1, 2, 3 Schläge über Par –
mit dabei
auf jeder Golfrunde.

Birdie,
1 Schlag unter Par –
macht immer
grossen Spass!

Die Idee, ein Bilderbuch für kleine Golfeinsteiger herauszugeben, entstand bei der Gestaltung des Juniorenprogramms für unseren Club. Aus den LaLargue Tigers wurde unser Held mit Namen Tiger, und unsere Beobachtungen rund ums Juniorengolf brachten uns Inspiration.

Grafiker Hampé Wüthrich ist absolut »angefressen« vom Golf und bedauert, dass er nicht schon als Kind an diesen tiefgründigen Sport herangeführt wurde. Golf ist für ihn eine Art Lebensschule oder, mit Keith Marriott, Juniors Coach und eine unserer Inspirationsquellen, zu sprechen: »Golf isch ebe-n-e Lääbesphilosophie!« Hampé hatte jedoch das Glück, von klein auf im Zeichnen geschult zu werden, und dieser Förderung und seiner Begabung verdanken wir nun die subtil beobachteten und mit schwungvollem Strich porträtierten Schritte eines kleinen Golfers auf dem Weg zur Platzreife.

Texterin Anna Steyer spielt nunmehr seit über 20 Jahren Golf und begeistert sich vor allem für die Art der Iren und Schotten, diesen Sport zu leben. Dazu eine Episode aus ihren Golfanfängen, so geschehen in Anstruther, einem anforderungsreichen, kleinen 9-Loch-Platz an der Küste des Kingdom of Fife, wo man die Greenfee von 5 £ in den Briefkasten an einer Bretterbude entrichtete. Drei Kinder zwischen 8 und vielleicht 10 Jahren winkten ihren Flight durch: Sie müssten den Ball eines Mitspielers suchen, sonst sei das Spiel zu Ende. Jedes der Kinder war mit nur einem Ball unterwegs.

Wir danken allen Sponsoren, die mit ihrer Buchbestellung die Herausgabe dieses Kinderbuches ermöglichten. Herzlichen Dank auch für die fachliche Beratung durch Dayne Hawkins Golf.
Ähnlichkeiten mit lebenden Personen sind nicht ganz zufällig.

Druckvorstufe Photolitho AG, Gossau ZH; Druck Himmer AG, Augsburg
ISBN 978 3 033 02083 2

Golf für Kinder, vom ersten Schwung bis zur Platzreife.
Mit lustigen Bildern von Hampé Wüthrich und erklärenden Texten von Anna Steyer.

»Hallo – ich bin Tiger.
Heute ist mein Geburtstag!
Opapa und Omama
haben mich zum Mittagessen
eingeladen. Ich habe
mir Spaghetti gewünscht.
Zum Nachtisch hat
Omama ihren leckeren
Geburtstagsschoko-
kuchen gebacken. Dazu gibt
es frisch gemachtes
Bananeneis – mmmhhhh!
Opapa ist vorhin
hinausgegangen. Nun kommt
er mit einem tollen,
riesengrossen Geschenkpaket
zurück ...«

»Komm her, Tiger, pack es aus!«

Tiger zieht an der grossen, roten Schleife und ein kleiner, feuerroter Golfbag kommt zum Vorschein. Was da alles drin ist! Opapa erklärt: »In deinem Bag sind sieben Schläger. Ein Holz für den Abschlag und ein Hybrid für die langen Schläge auf dem Fairway.

Dann ein Eisen 5, ein Eisen 7 und ein Eisen 9 –
damit spielst du den Ball zum Green.
Mit dem Sandwedge machst
du hohe Schläge und spielst
auch aus dem Sandbunker.
Auf dem Green benutzt
man einen Putter,
um den Ball einzulochen.
Man darf höchstens
14 Schläger im Bag haben.
Ich denke, für den Anfang
reicht die Hälfte aus. Aber
all das werden wir dir morgen
zeigen, wenn wir zusammen auf
den Golfplatz gehen.«

Was findet Tiger sonst noch alles in seinem neuen Golfbag?

Holz
Putter
Handschuh
Hybrid
Golfbälle
»Besteck«:
Pitchgabel, Marker, Tees
und Bleistift
Golfschirm
Eisen
Schlägerputztuch
Sonnen- und
Insektenschutz

Am Abend, zu Hause, fällt Tiger glücklich und müde ins Bett. Er muss jetzt ganz schnell ganz fest schlafen. Denn Opapa und Omama werden ihn gleich morgen früh wieder abholen. Sie werden zusammen zum Golfclub Eichholz fahren. Tiger spielt noch ein bisschen mit der lustigen Tiger-Schlägerhaube, die Omama extra für ihn gestrickt hat. Dann macht er die Augen zu und malt sich beim Einschlafen aus, wie gut er Golf spielen lernen wird. Gute Nacht, kleiner Tiger, träume schön.

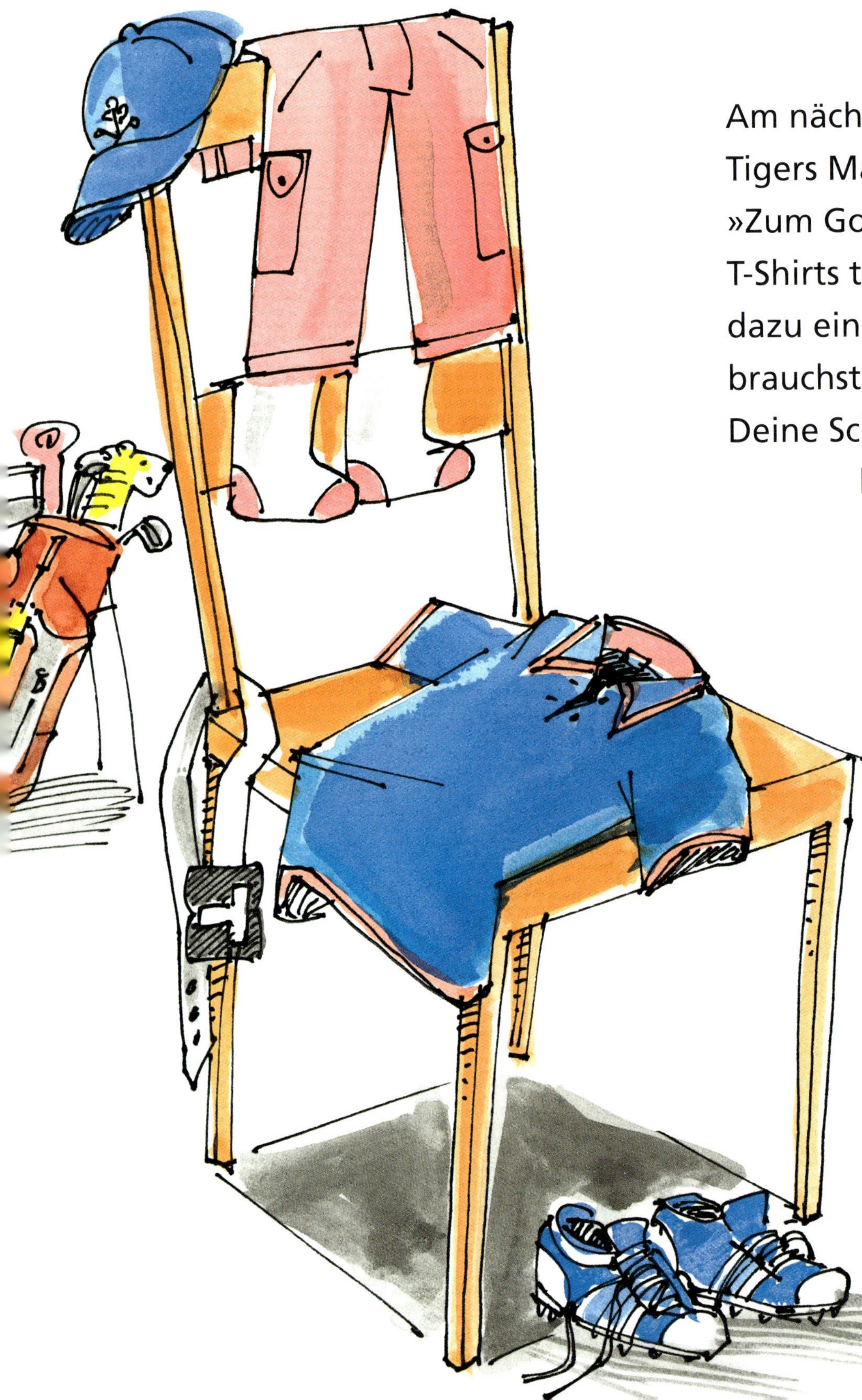

Am nächsten Morgen ...

Tigers Mama hat für den kleinen Sportler neue Kleider bereitgelegt: »Zum Golfspielen darf man keine Jeans und keine T-Shirts tragen. Am besten sind lange Hosen oder Bermudas und dazu ein Poloshirt mit Kragen. Wenn es kalt ist, brauchst du auch einen Windstopper oder einen Pullover. Deine Schuhe haben spezielle Kunststoffspikes, damit du auf dem kurz geschnittenen, nassen Gras nicht rutschst. Dein Golfcap schützt vor Sonne und Regen und du siehst damit bestimmt richtig gut aus. Wenn es stark regnet, brauchst du eine Regenjacke und eine Regenhose. Am besten packst du sie gleich in deinen Bag.«

GOLFCLUB EICHHOLZ

»So, da wären wir!« Opapa parkt das Auto gleich beim Tor zum Golfclub Eichholz. »Nimm deinen Bag, und los gehts.«

Tiger ist beeindruckt: »Oh, die grossen Bäume. Und der Rasen, der ist ja irre grün. Ein Brunnen mit Seerosen und mit einem Fisch, der Wasser spuckt. Das ist ja ein richtiges Golfschloss!«

Im Clubhaus angekommen, stellt Opapa den
neuen Junior vielen Leuten vor. Tiger erzählt:
»Zuerst Yvonne an der Rezeption; ihren
Namen kann ich mir gut merken, er reimt sich.
Dann kam Piet, der Golfpro – er wird
mir nachher meine allererste Golfstunde geben.
Maître Edouard ist unser Präsident,
er sagte, es freue ihn sehr, wenn die Jungen Golf
spielen lernen und den guten Ruf seines
Clubs auch nach aussen tragen. Er werde sicher
einmal sehr stolz auf mich sein.
Heiner Grüngras ist unser Greenkeeper. Er sorgt
dafür, dass der Golfplatz immer tipptopp
gemäht ist und alle Greens gut gepflegt sind.
Daisy Müller ist meine Captain – sie leitet
das Juniorentraining zusammen mit dem Pro.
Und dann hat mir Omama noch gesagt,
dass man auf einem Golfplatz alle Leute freund-
lich grüsst, egal ob man sie kennt oder nicht.«

MEMBERS ROOM
HOLE IN ONE

50
40
30

Der lustige Piet nimmt Tiger mit auf die Driving Range und füllt für ihn einen Korb mit Bällen. Diese sind besonders gekennzeichnet und dürfen nur auf der Übungsanlage benutzt werden. Dann wird Piet auf einmal ganz ernst und ermahnt Tiger zur Vorsicht:

»Schau, hier üben unsere Mitglieder ihre Golfschläge. Das ist nicht ungefährlich, und damit es keinen Unfall gibt, musst du diese Regeln unbedingt beachten.

Regel Nummer 1: Halte genügend Abstand, wenn jemand seinen Schläger schwingt. Gehe stehts weit hinter ihm um ihn herum und komme ihm beim Schwingen nicht in die Quere. Gehe auch niemals Bälle aufsammeln, solange jemand spielt.

Regel Nummer 2: Passe immer auf, dass du selbst mit deinem Spiel niemanden gefährdest. Bälle fliegen manchmal ziemlich krumm und viel weiter, als man denkt. Warte also auch auf dem Platz mit Spielen, bis die Gruppe vor dir sicher ausser Reichweite ist.

So, und nun stellst du dich hier auf die Matte und greifst deinen Schläger – linke Hand oben, rechte Hand unten. Sehr schön. Jetzt schaust du mir gut zu, wie ich das mache, und machst es mir einfach nach ...«

Gleich am nächsten Tag steht Tiger
wieder auf der Driving Range:
»Piet zeigte mir, wie ich den Golfschläger
halten muss und wie ich mich hinstellen
soll. Aber so einfach ist es nicht, den kleinen
Ball richtig gut zu treffen.
Versuche es doch einmal selbst!«

Herr Grüngras,
der Greenkeeper,
hat Tiger eine Weile lang
zugeschaut: »Du machst
das schon ganz prima.
Komm doch einmal mit,
ich möchte dir etwas zeigen ...«

»Wenn du den Ball endlich triffst,
ist das schon ein supergutes Gefühl!«

Heiner Grüngras nimmt Tiger auf der Mähmaschine mit: »Schau, hier siehst du, was es auf einem Golfplatz gibt. Die Abschläge, den Fairway, das Semirough, das Rough, ein Wasserhindernis, einen Sandbunker und natürlich das Green – dort, wo die Fahne steht.

Weisst du schon, was die gelben, die roten und die weissen Pfosten am Rande des Fairways bedeuten?

Wenn dein Ball im blau markierten Viereck landet, darfst du ihn ohne Strafschlag droppen.«

Tiger fragt: »Warum hat es verschiedene Abschläge mit weissen, gelben, blauen und roten Kugeln?«

Kannst du es ihm erklären?

Heiner Grüngras liegt die Pflege seines Platzes sehr am Herzen: »Schau, Tiger, jeder Golfspieler ist auch ein bisschen Greenkeeper. Wenn etwas nicht ist, wie es soll, bringst du es in Ordnung.«

»Hast du ein Divot herausgeschlagen oder liegt eines herum, so legst du es zurück und trittst es fest.«

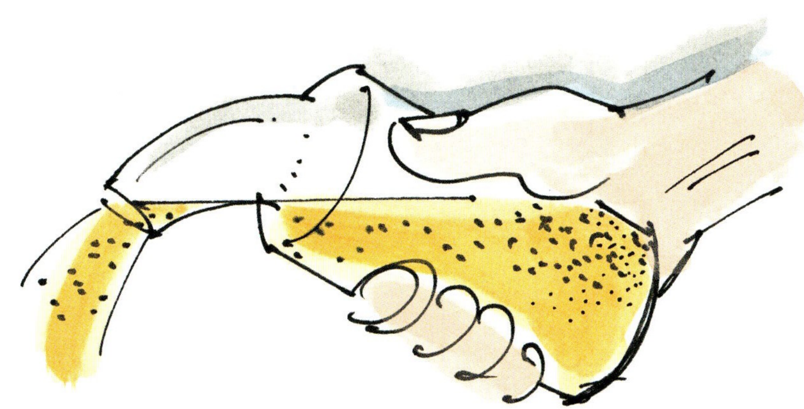

»Beschädigst du einen Abschlag, legst du das Rasenstück nicht zurück, sondern füllst das Loch mit Sand, der bereitsteht.

Nimmst du auf dem Green die Fahne heraus, lasse sie bitte nicht einfach fallen, sondern lege sie sorgfältig hin. Am besten aufs Vorgrün.«

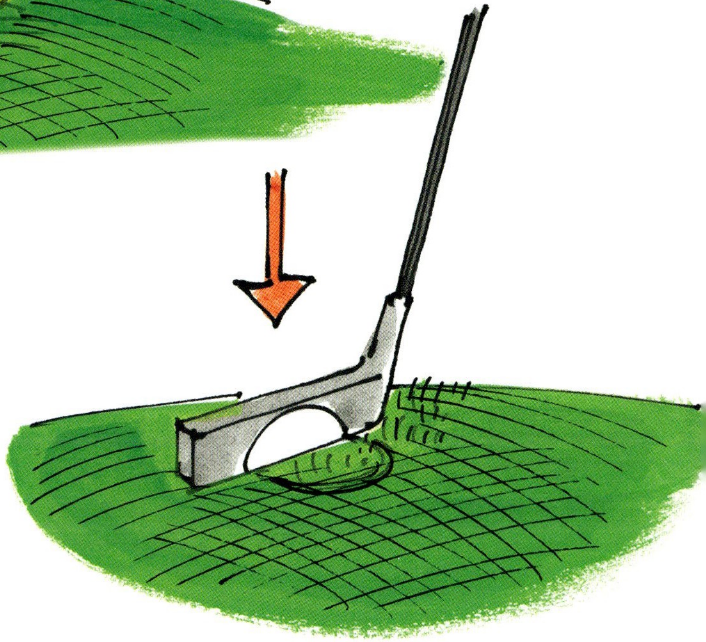

»Hast du mit einem hohen Pitch oder auch mit einem weiten Schlag das Green beschädigt, musst du die Pitchmarke unbedingt sofort reparieren. Dafür nimmst du deine Pitchgabel. Stecke sie rund um das Einschlagloch herum ins Green und schiebe die Erde zusammen. Am Schluss ebnest du mit dem Putter die reparierte Stelle aus. So machen es auch die Pros.«

Par 4 –
gute Spieler sind mit 2 Schlägen
auf dem Green und haben
höchstens 2 Putts.
Der Abschlag
oder **das Tee**
Par 3 –
lochst du mit
3 Schlägen ein,
spielst du Par!
Auf dem Abschlag wird
der Ball **aufgeteet.**
Par 5 –
ein Golfpro sollte mit
höchstens 5 Schlägen
im Loch sein.

Aufgeteet wird innerhalb von **2 Schlägerlängen,** nicht näher zum Loch.

Am Abend, zu Hause, erzählt Tiger, was er gelernt hat: »Weisst du, Mama, eine Golfrunde spielt man über 18 Löcher. Unser Golfplatz ist ein 18-Loch-Platz und hat vier Par 3, zehn Par 4 und vier Par 5 – zusammen also ein Par 72.

Par bedeutet, dass wir mit 3, 4 oder 5 Schlägen im Loch sein sollten. Aber Piet hat gesagt, dass wir Anfänger an jedem Loch noch 3 Schläge mehr haben dürfen.«

Weil Tiger Freude hat
am Golfspielen und mit
Vergnügen trainiert,
hat ihn Opapa in der
Juniorensektion
des Golfclubs Eichholz
angemeldet.
Heute geht er zum ersten Mal
ins Training und wird
von seinen Mitspielern herzlich begrüsst.

»Hallo, ich bin Tiger.
Ich möchte gerne bei euch mitspielen.«

»Hi, Tiger, ich bin Ronny.
Super, dass Verstärkung kommt. Jetzt können wir jeweils in zwei 3er-Gruppen auf den Übungsplatz.«

»Long, Harry Long – und wie mein Name ist auch mein Abschlag!«

»Hallo, Tiger, ich bin Fanny und das hier ist Little Locke, er spricht fast nicht und spielt immer mit Schnuller.«

»Huhu – ich bin Martha.
Du triffst den Ball schon gut. Ich habe dich auf der Driving Range gesehen.«

Piet unterbricht die Kinder: »So, heute üben wir das kurze Spiel.
Jeder schnappt sich einen Korb mit Bällen, und los gehts ...«

Unter kurzem Spiel versteht man die Schläge rund ums Green und auf dem Green zur Fahne: Chip, Pitch, Putt und Bunkerschlag.
Gute Spieler schwören ausserdem auf ihre ganz persönlichen Spezialschläge, die sie immer und immer wieder üben.

Welcher Junior übt hier gerade welchen Schlag?

MENU

Opapa hat Tiger nach dem Juniorentraining abgeholt und geht mit ihm ins Clubhaus zum Mittagessen. Opapas Golfkollege Freddy erwartet sie schon: »Saluti, ihr zwei Supergolfer – Tiger, hast du fleissig trainiert? Wie wärs, hättest du Lust, uns nach dem Essen auf die Runde zu begleiten? Du spielst den Ball einfach immer von der Stelle, wo der Ball deines Grossvaters liegt. Aber wenn Opapa seinen Powerslice auspackt und in die Leute auf dem andern Fairway spielt, musst du ganz laut »Fore!« rufen. Kannst du das?«

»Pssst! Doch nicht hier im Restaurant!«

Fore!

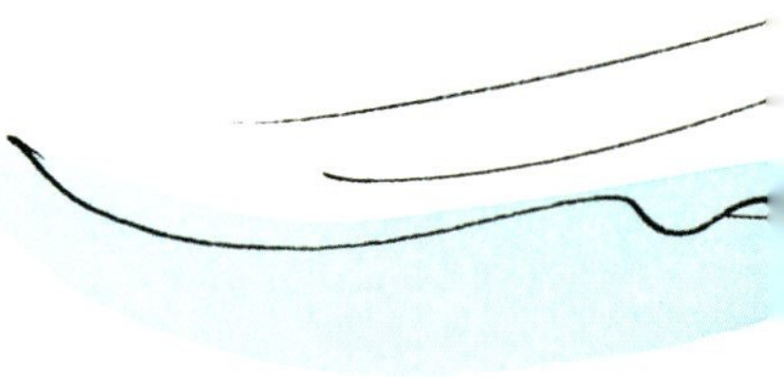

Tiger ist ganz aufgeregt. Es ist das erste Mal, dass er mit auf den grossen Platz darf.

Freddy brummt: »Du bist noch klein, du darfst von den roten Tees abschlagen. Aber, dass du uns ja nicht überdrivest, sonst spielst du sofort von Gelb wie wir. Keine Probeschwünge auf dem Tee. Niemals gegen Personen schwingen. Und vor allem: Schnabel zu, wenn wir den Ball ansprechen. Alles klar?« Tiger antwortet: »Ja, ich glaube schon. Wer von euch zwei Cracks hat denn nun die Ehre?«

Die Senioren sind zu sehr mit ihren eigenen Drives beschäftigt, um den kleinen Scherz zu bemerken. Tigers Abschlag ist zwar etwas kurz, aber auf dem Fairway. »Ausbaufähig«, kommentiert Freddy, der Controller.

Schon am 2. Loch gibt es Probleme.
Opapa hat seinen Ball zwar weiter geschlagen, doch er ist ins Wasser gerollt.
»So, Tiger, jetzt musst du den Ball aus dem Wasser spielen!«

Tiger ist tatsächlich ins Wasser gestiegen. »Ha, ha, ha«, Freddy und Opapa lachen sich krumm: »Es lohnt sich, die Regeln gut zu kennen. Siehst du, der kleine Bach ist auf beiden Seiten mit gelben Pfosten gekennzeichnet. Das heisst, es handelt sich hier um ein frontales Wasserhindernis. Dabei hast du genau drei Möglichkeiten, weiterzuspielen:

1. Du spielst den Ball, wie er liegt. Manchmal ist der Ball zwar im Wasserhindernis, liegt aber noch auf dem Trockenen und lässt sich spielen. In unserem Fall liegt der Ball aber wirklich tief im Wasser. Du würdest ihn bestimmt nicht treffen und wärst nach dem Versuch auch pudelnass.

2. Du spielst einen neuen Ball von der Stelle, von der du den letzten Ball geschlagen hast, das heisst in diesem Fall vom Abschlag. Du verlierst die ganze Distanz und bekommst zudem einen Strafschlag aufgebrummt, aber du darfst nochmals aufteen.

3. Du kannst einen Ball droppen. Stelle dir eine Linie vor von der Fahne zum Punkt, an dem der Ball die Wasserhindernislinie gekreuzt hat. Auf dieser Linie gehst du zurück, so weit du möchtest, und lässt mit ausgestrecktem Arm einen Ball fallen. Auch das kostet dich einen Strafschlag. Aber du verlierst weniger Distanz.«

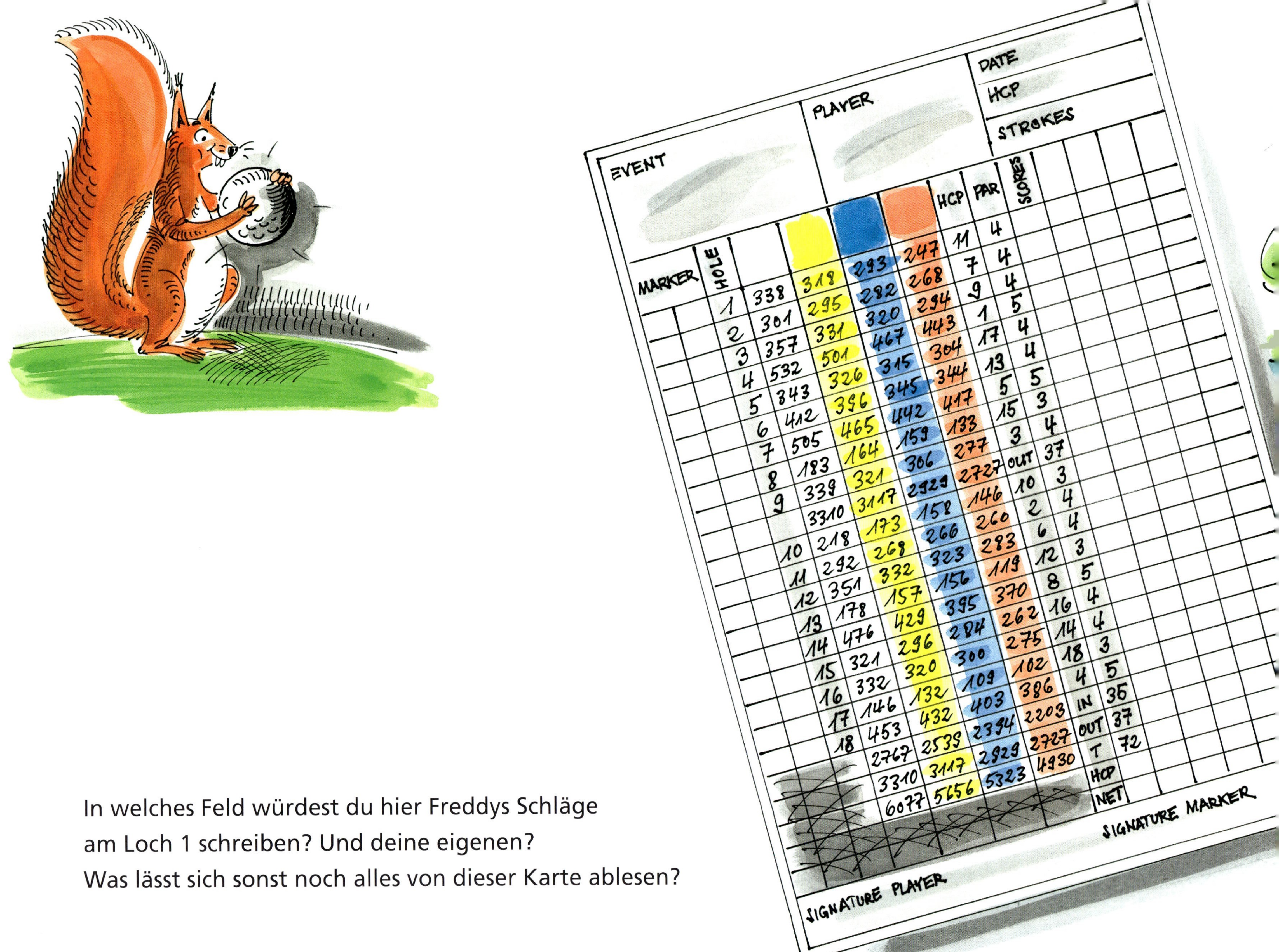

EVENT	PLAYER	DATE / HCP / STROKES

MARKER	HOLE					HCP	PAR	SCORES
	1	338	318	293	247	11	4	
	2	301	295	282	268	7	4	
	3	357	331	320	294	9	4	
	4	532	501	467	443	1	5	
	5	343	326	315	304	17	4	
	6	412	396	345	344	13	4	
	7	505	465	442	417	5	5	
	8	183	164	159	133	15	3	
	9	339	321	306	277	3	4	
		3310	3117	2929	2727	OUT	37	
	10	218	173	158	146	10	3	
	11	292	268	266	260	2	4	
	12	351	332	323	283	6	4	
	13	178	157	156	119	12	3	
	14	476	429	395	370	8	5	
	15	321	296	284	262	16	4	
	16	332	320	300	275	14	4	
	17	146	132	109	102	18	3	
	18	453	432	403	386	4	5	
		2767	2539	2394	2203	IN	35	
		3310	3117	2929	2727	OUT	37	
		6077	5656	5323	4930	T	72	
						HCP		
						NET		

SIGNATURE PLAYER

SIGNATURE MARKER

In welches Feld würdest du hier Freddys Schläge am Loch 1 schreiben? Und deine eigenen? Was lässt sich sonst noch alles von dieser Karte ablesen?

Am Abschlag von Loch 3 zieht Opapa eine Karte aus der Hosentasche und notiert etwas.
»Tiger, wie du sicher schon weisst, zählt man beim Golfspielen die Anzahl Schläge, die man vom Abschlag bis ins Loch benötigt. Das ist der Score und diesen schreibt man auf die Scorekarte.
Bei einem Turnier tauschen die Spieler die Karten untereinander aus. Jeder schreibt für einen Mitspieler und zählt auch seine eigenen Schläge.
Am Schluss kontrolliert man gemeinsam, was man aufgeschrieben hat, und unterschreibt die Karte. Damit bestätigen beide Spieler, dass alles nach Regeln gespielt und auch richtig gezählt wurde.«

Den ganzen Sommer lang haben die Kinder auf der Driving Range geübt, auf dem Putting Green kleine Matches ausgetragen, auf dem Übungsplatz gespielt und zusammen Regeln gepaukt. Eines Tages verkündet Piet: »Heute nehme ich euch die Platzreifeprüfung ab. Erst beantwortet ihr die schriftlichen Fragen zu den Regeln und zum Benehmen auf dem Platz. Und wer bei den dreissig Fragen höchstens fünf Fehler macht, darf gleich danach zur praktischen Prüfung auf dem Platz antreten. Ich wünsche euch viel Glück!«

GUR
R&A

»Hurra, Hurra! Alle haben die Theorie bestanden.«
Piet ist ganz stolz auf seine jüngsten Golfschüler.

»Jetzt will ich sehen,
wie gut ihr auf dem Platz spielt.«

Die Platzreifeprüfung wird über 9 Löcher gespielt. Piet hat ausgerechnet, dass die Kandidaten im Durchschnitt an jedem Loch maximal 3 Schläge über Par spielen dürfen, um zu bestehen.

Bis zum 8. Loch ist alles gut gelaufen, Tiger ist auf Kurs. Doch vom 9. Abschlag spielt er seinen Drive ins Rough. Mist! Tiger schiesst durch den Kopf, dass er dem Ball doch einfach einen kleinen Fusstritt versetzen könnte, und schon läge er besser – zumindest im Semirough. Doch er spürt überall Augen ... Tiger schämt sich für seine Gedanken und wird ganz rot: »Nein! Schummeln kommt nicht infrage. Das wäre wirklich unfair gegenüber meinen Mitspielern. Und so richtig freuen über die Platzreife könnte ich mich zum Schluss doch nicht. Also, zusammenreissen, Nerven behalten und mit dem Sandwedge zurück aufs Fairway spielen. Und von da an mache ich dann einfach keine Fehler mehr.«

Phuuu, noch einmal gut gegangen ...

Tiger liegt am letzten Loch, einem Par 4, mit 5 Schlägen auf dem Green. Par, Birdie, Eagle oder gar Albatros sind nicht mehr möglich. Die Bogey Brothers freuen sich schon.

Tigers Marker Fanny hat die Scorekarte angeschaut und schnell gerechnet: »Wir dürfen 3 Schläge über Par spielen. Ein Triple Bogey reicht noch aus.«

»Dann darf ich höchstens noch 2 Schläge haben. Ich muss mir beim Putten richtig Mühe geben«, murmelt Tiger.

Auf dem Green angekommen, repariert Tiger zuerst seine Pitchmark. Dann legt er einen Marker hinter seinen Ball, nimmt diesen auf, identifiziert und reinigt ihn. Dann platziert er den Ball wieder sorgfältig vor seiner Markierung.
Fanny hat unterdessen die Fahne aus dem Loch genommen und aufs Vorgrün gelegt. Sie passt gut auf, dass sie dabei nicht auf Tigers Puttlinie tritt.

Tiger konzentriert sich jetzt: Er liest das Green. Dafür schaut er genau, wie der Ball zum Loch liegt – aus allen Richtungen. Denn ein Green ist kein Billardtisch, Tiger muss die Neigung mit einbeziehen und den Break einschätzen. Wenn er das gut macht und zudem Glück hat, rollt der Ball genau ins Loch ... Ob das klappt? Drück ihm fest den Daumen.

»Ja! Der Ball ist drin!«
Alle sechs Kinder haben die Platzreife bestanden. Bravo!
Piet ist ganz stolz auf seine Junioren. Nun darf Tiger mit seinen Freunden auf den grossen Platz und die Juniorenturniere mitspielen. Sein nächstes Ziel ist ein Handicap.
Vielleicht begleitest auch du ihn auf dem Weg dahin und bei seinen neuen Abenteuern?

Übrigens, Little Locke hat den Schnuller weggeworfen. Unser kleinster Rookie meinte: »Richtige Golfer nuckeln nicht mehr.«

Golferlatein

Wie jede Sportart pflegt Golf eine ganz spezifische Ausdrucksweise. Das Spiel hat seine Wurzeln in Schottland und deshalb ist auch das Vokabular vielfach englisch. Verstehst du einen Ausdruck nicht, findest du in Tigers Geschichte vielleicht eine Erklärung. Oder du fragst einfach deinen Golfpro – er wird ihn dir gerne erklären.

A
Abschlag
Academy
Albatros
Aufteen
Aus

B
Birdie
Bogey
Bunker
Bunkerschlag
Blaues Tee
Break

C
Captain
Chip
Club
Clubhaus
Crack

D
Divot
Doppelbogey
Drive, Driver
Driving Range
Droppen

E
Etikette
Eisen
Eagle

F
Fairway
Flight (Group)
Fore!
Frontales Wasser

G
Green
Greenfee
Greenkeeper
Golfbag
Golfcap
Golfhandschuh
Golfpro, Golf Professional
Golfschläger (14 Stück)
Gelbes Tee
GUR (Ground under Repair)

H
Holz
Hybrid
Hole in one
Handicap (hcp)

K
Kurzes Spiel

L
Ladies

M
Marker
Members Room
Match

P
Par (Par 3, Par 4, Par 5)
Pitch
Pitchgabel, Pitchmarke
Platzreife
Powerslice
Pro
Putt, Putter, putten
Putting Green, Puttlinie

R
R&A (The Royal and Ancient Golf Club of St Andrews)
Rescue
Rookie
Rough
Rotes Tee

S
Semirough
Sandwedge, Sandbunker
Schlägerhaube
Score, Scorekarte
Spikes

T
Tee
Tour
Triple Bogey

U
Überdriven
Übungsanlage

V
Vorgrün

W
Wasserhindernis
Weisses Tee

Interessiert sich Ihr Kind für Golf? Natürlich wäre es schön, wenn Sie als Eltern, Grosseltern oder Paten in einem Golfclub Mitglied sind. Viele Clubs heissen jedoch Kinder auch willkommen, wenn die Eltern selbst nicht Golf spielen. Erkundigen Sie sich in einem nahe gelegenen Golfclub nach der oder dem Juniorenverantwortlichen. Sie finden den Namen meist auf der Website des betreffenden Clubs.

Für allgemeine Informationen über Jugend und Golf geben zudem folgende Websites Auskunft:

Deutscher Golf-Verband	www.golf.de
Schweizerischer Golfverband	www.asg.ch/juniors
Österreichischer Golf-Verband	www.golf.at

Heiner Grüngras,
unser Greenkeeper,
lässt Rough und Bart spriessen.

Yvonne von der Rezeption
achtet auf die Etikette.

Maître Edouard,
Präsident des
Golfclubs Eichholz,
kennt Gott
und die Welt.

Piet Wood
spielte auf der Tour
und ist jetzt
unser Golflehrer.

Freddy, der Controller,
zählt jeden Schlag –
für sich und auch für alle
seine Mitspieler.

Tigers Mama
freut sich über Tigers
Golfbegeisterung.

Omama
spielt am liebsten
bei den Ladies.

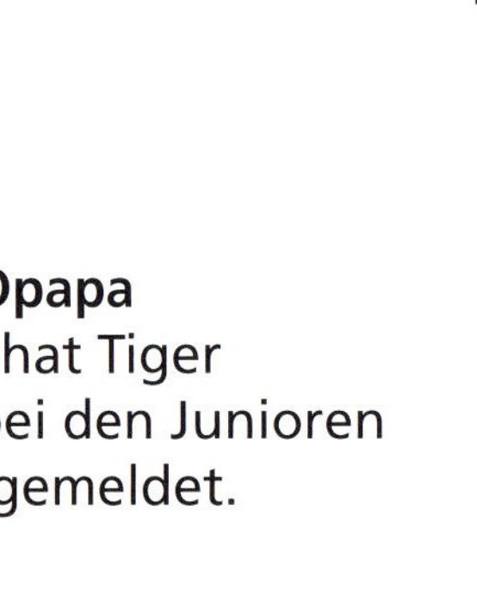

Opapa
hat Tiger
bei den Junioren
angemeldet.

Daisy Müller
ist Juniors Captain.